Índice

Rourke Educational Media
A Division of Carson Dellosa Education
rourkeeducationalmedia.com

¿Puedes encontrar estas palabras?

alimentos

construir

deportes

océano

Los robots pueden

Los robots pueden hacer muchas cosas.

Los robots pueden **construir**. Construyen autos y camiones.

Los robots pueden construir autos más rápido que las personas.

Los robots pueden ayudar. Ayudan a apagar incendios.

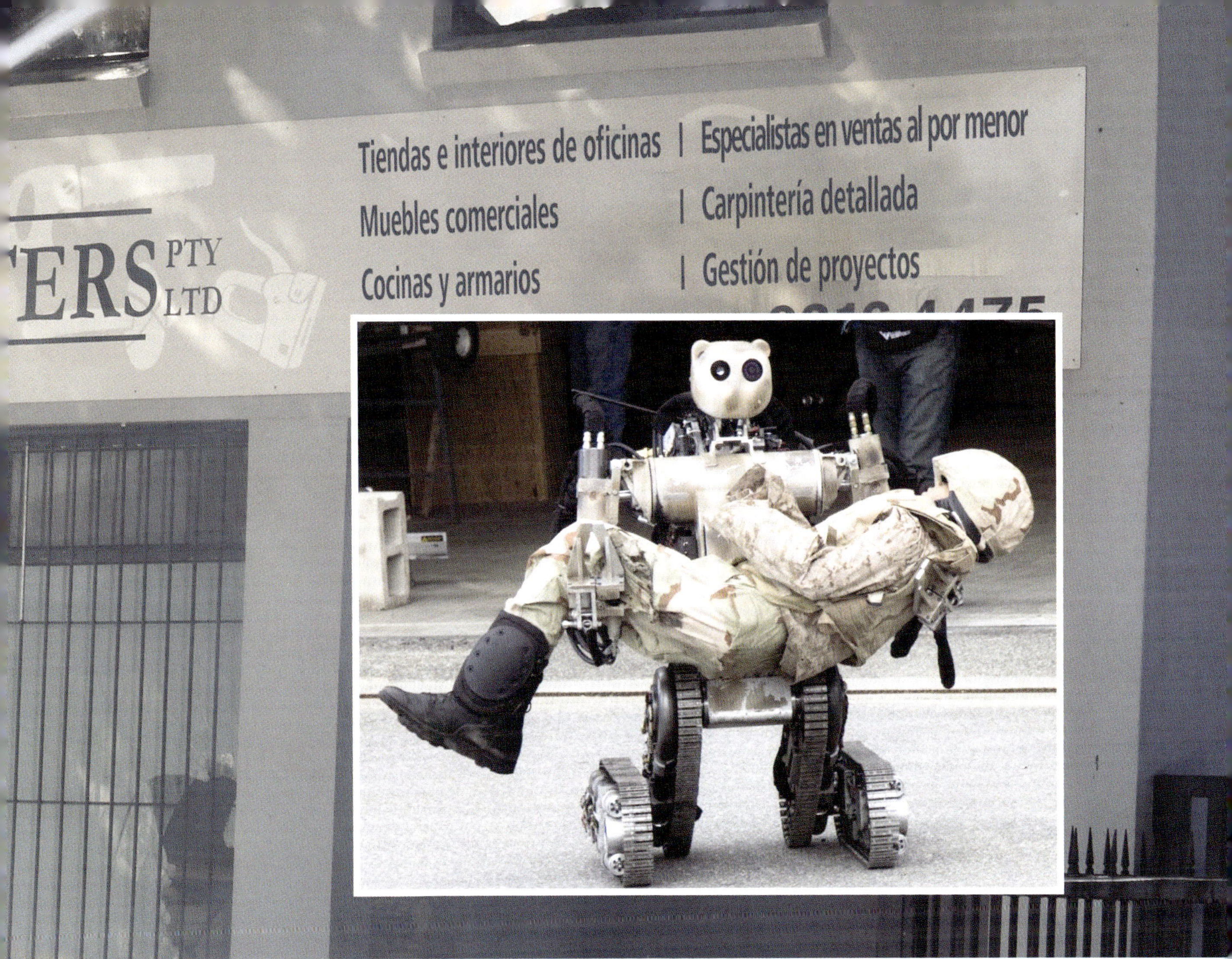

Los robots ayudan a que las personas permanezcan seguras.

Los robots pueden hacer **alimentos.**

Pueden hacer pizza.

Los robots pueden explorar.

Pueden explorar el **océano.**

Los robots pueden tocar. Tocan música

Practican deportes.

¿Encontraste estas palabras?

Los robots pueden hacer **alimentos.**

Los robots pueden **construir.**

Practican **deportes.**

Pueden explorar el **océano.**

Glosario fotográfico

alimentos: cosas que comen los seres vivos para su subsistencia.

construir: hacer algo juntando partes.

deportes: cosas que juegan las personas y que requieren habilidad y esfuerzo físico.

océano: gran masa de agua salada.

Índice analítico

Sobre la autora

Charlotte Hunter escribe libros sobre todos los temas, desde la amistad hasta las frutas. Cuando no está escribiendo, le gusta dar largos paseos con Penny, su perro.

www.rourkeeducationalmedia.com

PHOTO CREDITS: Cover: ©NASA; p.2,4-5,14,15: ©shutterstock.com; p.2,8-9,14,15: ©dpa picture alliance/Alamy Stock Photo; p.2,11,14,15: ©IakovKalinin; p.2,13,14,15: ©Richard Wareham Fotografie/Alamy Stock Photo; p.3: ©Ekkasit919; p.6-7: ©Xinhua/Alamy Stock Photo; p.7: ©US Army; p.10-11: ©NOAA; p.12: ©robertharding/Alamy Stock Photo

Edición: Keli Sipperley
Diseño de la tapa e interior: Rhea Magaro-Wallace
Traducción: Santiago Ochoa
Edición en español: Base Tres

Library of Congress PCN Data
Los robots pueden / Charlotte Hunter
(Yo sé)
ISBN (hard cover - spanish)(alk. paper) 978-1-73160-480-4
ISBN (soft cover - spanish) 978-1-73160-492-7
ISBN (e-Book - spanish) 978-1-73160-485-9
ISBN (e-Pub - spanish) 978-1-73160-699-0
ISBN (hard cover - english)(alk. paper) 978-1-64156-172-3
ISBN (soft cover - english) 978-164156-228-7
ISBN (e-Book - english) 978-1-64156-281-2
Library of Congress Control Number: 2018914810

Printed in the United States of America, North Mankato, Minnesota